AF263800

TRAVAUX SCIENTIFIQUES

DE

C. WALTHER

NOTICE

SUR LES

TRAVAUX SCIENTIFIQUES

DU

Docteur Charles WALTHER

CHIRURGIEN DES HOPITAUX

ANCIEN PROSECTEUR DES HÔPITAUX

ANCIEN CHEF DE CLINIQUE DE LA FACULTÉ

MEMBRE DE LA SOCIÉTÉ ANATOMIQUE (Vice-Président 1890)

MEMBRE DE LA SOCIÉTÉ CLINIQUE

PARIS

ASSELIN et HOUZEAU

LIBRAIRES DE LA FACULTÉ DE MÉDECINE

Place de l'École-de-Médecine

—

1892

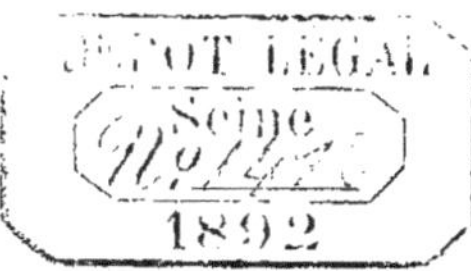

TABLE CHRONOLOGIQUE

1° Epiplocèle sphacelée. (*Bulletin de la Société clinique*, 1882, p. 155.)

2° Article **Testicule**, du Dictionnaire de Médecine et de Chirurgie pratiques. (En collaboration avec le professeur GOSSELIN. — 1883).

3° Recherches anatomiques sur les veines du Rachis. — Thèse de Doctorat, 1885, (*Médaille d'argent de la Faculté.*)

4° Note sur une anomalie exceptionnelle de l'artère humérale. (*Société anatomique*, 1886, p. 204.)

5° Fracture ancienne du coude. (*Société anatomique*, 1886, p. 257.)

6° Rétraction de l'aponévrose palmaire. (*Société anatomique*, 1886. p. 283.)

7° Orteil à ressort par déformation osseuse. (*Société anatomique*, 1886, p. 403.)

8° Brachydactylie. (*Société anatomique*, 1886, p. 604.)

9° Kyste hydatique sus-prostatique. (*Société anatomique*, 1886, p. 749.)

10° Kyste hydatique du foie avec prolongement diverticulaire séparé de la cavité principale par un orifice étroit et en partie oblitéré par une valvule. (*Société anatomique*, 1886, p. 750)

11° Luxation ancienne du coude, néarthrose. (*Société anatomique*, 1887, p. 141.)

12° Anomalie du gros intestin. Développement exagéré de la dernière portion de l'S iliaque. (*Société anatomique*, 1888, p. 256.)

13° De la pleurotomie postérieure. Recherches anatomiques sur le lieu d'élection de l'incision dans l'opération de l'empyème. (*Société anatomique*, 1888, p. 259.)

14° Rapports et branches des artères intercostales. (*Société anatomique*, 1888, p. 351.)

15° Hernie inguinale congénitale étranglée, adhérente. Opération. Guérison. (*Société anatomique*, 1889, p. 561.)

16° Lymphadénome du testicule. (*Société anatomique*, 1889, p. 602)

17° Ostéomyélite du maxillaire inférieur. (*Société anatomique*, 1889, p. 601.)

18° Fistule du sein chez l'homme. (*Société anatomique*, 1890, p. 300.)

19° Lipome des bourses. (*Société anatomique*, 1890, p. 430.)

20° Ostéosarcome pulsatile de l'extrémité supérieure du tibia. Amputation de cuisse. (Pièce présentée par M. GANNIOT. *Société anatomique*, 1890, p. 437.)

21° Kyste des conduits de Gaertner. (*Société anatomique*, 1890, p. 439.)

22° Ulcère perforant de l'estomac. (Pièce présentée par M. HÉLARY. *Société anatomique*, 1890, p. 441.)

23° Observations de corps fibreux avec inversion de l'utérus. Enucléation et morcellement de la tumeur. Réduction spontanée de l'inversion. (*In thèse de Delteil*. Paris, 1890.)

24° Greffe thyroïdienne dans un cas de myxœdème. (En collaboration avec M. MERKLEN. *Société médicale des Hôpitaux*. Séance du 14 novembre 1890.)

25° Kyste séreux multiloculaire du cou. (Pièce présentée par M. HÉLARY. *Société anatomique*, 1890, p. 459.)

26° Ulcère perforant de l'estomac, 3° cas. (*Société anatomique*, 1890, p. 466.)

27° Article **Cou**, maladies diverses. (*Traité de Chirurgie*, t. V, 1891.)

28° Suture de la rotule, suture ultérieure du tendon rotulien. (*Société de Chirurgie*. — 13 mai 1891).

29° Sur quelques variétés de fractures du bassin. (*Société anatomique*, 1891, p. 537.)

30° Kyste hydatique de la face supérieure du foie. Incision par la voie transpleurale. Guérison. (*Société de Chirurgie*, 14 octobre 1891.)

31° Collaboration à la rédaction de la *Clinique Chirurgicale* du professeur
Trélat, 1891.

32° Spina bifida sacré, opéré quatre heures après la naissance. Guérison. (*Société de
Chirurgie*, 14 octobre 1891.)

33° Recherches expérimentales sur certaines fractures de la cavité cotyloïde. (*Société
anatomique*, 1891, p. 561.)

34° Fractures du maxillaire supérieur à quatre fragments. Recherches expérimentales
sur le mécanisme de ces fractures. (*Société anatomique*, 1891, p. 567.)

35° Article **Bassin**. (*Traité de Chirurgie*, t. VII, 1892.)

36° Sur une forme lente et insidieuse d'infection par le staphylocoque ; ostéomyélite
et abcès multiples du tissu cellulaire évoluant sans provoquer aucune réaction.
(*Société anatomique*, 11 mars 1892.)

37° Des inflammations canaliculaires chroniques des glandes salivaires avec infiltration
de gaz dans les conduits excréteurs et les lobules glandulaires. (*Société anatomique*, 11 mars 1892.)

38° Plaie pénétrante de la poitrine et de l'abdomen par coup de couteau. (*Société de
Chirurgie*, 16 mars 1892.)

2.

ANALYSE DES PRINCIPAUX TRAVAUX

I

ANATOMIE NORMALE ET ANOMALIES

Recherches anatomiques sur les veines du rachis.

(Thèse de doctorat, 1885.)

J'ai cherché à montrer les points suivants :

Les veines intra-rachidiennes antérieures forment deux plexus d'une disposition régulière dans lesquels une circulation relativement facile, est assurée par de nombreuses anatomoses courtes et directes, aboutissant aux veines extra-rachidiennes. Les veines intra-rachidiennes postérieures sont constituées en partie par des veines longitudinales, en partie par des plexus composés de veines enroulées, flexueuses, formant de longs diverticules dans lesquels la circulation se trouve nécessairement ralentie.

La richesse des plexus veineux intra-rachidiens varie suivant les régions ; elle semble être au cou en rapport avec l'étendue des mouvements du segment correspondant de la colonne vertébrale.

Au niveau des premières vertèbres cervicales, les plexus antérieurs se confondent avec les plexus postérieurs et leur distension peut diminuer d'un quart ou d'un tiers la capacité du canal rachidien. Ils ont là une influence considérable sur la circulation générale du crâne et du cou. De plus ils forment un coussin élastique qui protège l'extrémité supérieure de la moelle dans les mouvements de la tête.

Les anastomoses avec les veines extra-rachidiennes forment autour des racines nerveuses et de leurs ganglions, un très riche plexus de deux réseaux superposés qui matelassent les parois des trous de conjugaison et protègent les nerfs qui les traversent.

Ils existe toujours au niveau des deux premières vertèbres cervicales, deux énormes groupes de veines, situés l'un à droite, l'autre à gauche, dans l'angle externe du canal rachidien ; j'ai proposé le nom de *confluents occipito vertébraux* pour ces volumineux amas de veines qui sont l'origine commune des plexus intra-rachidiens antérieurs et postérieurs, des veines jugulaires postérieures et des veines vertébrales externes et internes.

Le confluent occipito-vertébral est immédiatement appliqué sur la concavité de l'arc de l'atlas qu'il déborde largement en haut et en bas. Il se sépare en deux groupes de grosses veines qui sortent du canal rachidien, l'un au-dessus, l'autre au-dessous de l'atlas ; le groupe supérieur, plus volumineux donne naissance aux jugulaires postérieures et aux vertébrales internes ; le groupe inférieur forme d'autres branches d'origine de la jugulaire postérieure et la vertébrale externe.

Quelques branches des plexus longitudinaux antérieurs ne se terminent pas dans le confluent occipito-vertébral. Les unes se jettent dans le plexus basilaire et, par là, dans le sinus occipital ; les autres passent par le trou condylien antérieur pour se terminer dans le plexus décrit par Charles Labbé sous le nom de sinus condylien, sinus condylien qui communique toujours très largement avec le confluent condylien de Trolard.

Le trajet, les rapports de la veine jugulaire postérieure et des veines vertébrales (veines trachéliennes de Breschet) sont partout bien décrits. Il n'en est pas de même de leurs origines de leur mode de formation.

La jugulaire postérieure est ordinairement formée par la réunion des veines suivantes : 1° veine mastoïdienne ; 2° veine condylienne postérieure ; 3° une ou deux veines occipitales profondes ; 4° les branches plexiformes circulaires du trou occipital ; 5° les grosses branches d'origine qui partent du confluent occipito-vertébral ; 6° des branches qui unissent l'origine de la jugulaire postérieure aux veines vertébrales.

La veine mastoïdienne, ordinairement assez grêle, unit directement la jugulaire postérieure au sinus latéral ; mais sa terminaison dans la jugulaire postérieure n'est pas constante. J'ai toujours trouvé, au contraire, la veine condylienne postérieure qui établit aussi une anastomose directe entre le sinus latéral et la jugulaire postérieure ; souvent cette veine condylienne est très volumineuse, dans un cas elle était plus grosse que la jugulaire interne du même côté.

Enfin la jugulaire postérieure envoie le plus souvent une anastomose directe à la jugulaire interne ; cette anastomose est parfois indirecte et se fait par l'intermédiaire du confluent lui-même ou de l'origine des veines vertébrales.

Au système de la veine jugulaire postérieure appartiennent toutes les veines de la nuque formant quatre plexus superposés, bien décrits par Foucher. Ces plexus sont reliés par de nombreuses anastomoses perpendiculaires, les unes inter-musculaires, les autres intra-musculaires, disposition analogue à celle que mon maître, le professeur Le Dentu, a le premier décrite au membre inférieur.

Les veines vertébrales internes naissent du confluent occipito-vertébral au-dessus de l'atlas ; les vertébrales externes sont formées par deux veines parties du confluent au-dessous de l'atlas et par une branche venue des vertébrales internes. Les veines vertébrales internes reçoivent soit directement, soit indirectement par l'intermédiaire des vertébrales externes : 1° toutes les veines de la face antérieure de la colonne cervicale, qui forment au devant de l'axis et de la troisième cervicale un véritable réseau congloméré, analogue à celui qui recouvre en arrière les apophyses des mêmes vertèbres et sur lequel M. le professeur Verneuil a attiré l'attention ; 2° toutes les veines postérieures appliquées sur le plan osseux et recouvertes par le transversaire épineux ; 3° les anastomoses directes de la jugulaire postérieure ; 4° les anastomoses des veines intra-rachidiennes, par les plexus des trous de conjugaison.

Ces quatre ordres de branches se retrouvent au niveau de chaque espace inter-transversaire, de sorte que nulle part la série des arcades anastomotiques n'est interrompue. La veine vertébrale externe représente un grand canal de dérivation qui part des plexus intra-rachidiens et de la vertébrale interne en haut, pour aboutir en bas à la jugulaire postérieure.

Le système des veines cervicales postérieures est presque aussi considérable que celui des veines antérieures, jugulaire interne, jugulaire externe, etc. Les deux systèmes se suppléent du reste réciproquement et on trouve constamment une sorte d'équilibre entre le volume des veines postérieures et celui des antérieures. De larges anastomoses unissent ces deux systèmes à leur origine et ils forment l'un pour l'autre de véritables canaux de dérivation qui assurent la circulation en retour de la tête et du cou.

Note sur une anomalie exceptionnelle de l'artère humérale.

(Société anatomique. — 1886, p. 204).

L'artère humérale, normale jusqu'au pli du coude, au lieu de se bifurquer en ce point, descendait un peu obliquement en dehors, s'engageait sous le rond pronateur et se divisait à 5 cent. 1/2 au-dessous d'interligne par trifurcation en radiale, cubitale et interosseuse.

Nous n'avons pu trouver qu'un seul autre cas de cette anomalie, cas observé par MM. Morel et Duval.

A côté des types classiques d'anomalies de l'humérale, tous caractérisés par une bifurcation prématurée de l'artère, il convient d'admettre, par conséquent, une anomalie d'un ordre tout opposé, *par division tardive*. Cette division tardive de l'humérale entraîne, comme conséquence naturelle, une inversion des rapports de l'artère radiale, qui se trouve cachée sous le rond pronateur, fait important à connaître au point de vue chirurgical.

Brachydactylie.

(Société anatomique.— 1886, p. 604).

Cette pièce représente une des variétés les plus rares de la brachydactylie : ankylose des segments du squelette des doigts. Mercier en a rapporté un cas en 1838. M. Derode en signalait en 1888, trois autres. Mais il ne s'agit, dans toutes ces descriptions que d'observations cliniques.

Voici le résumé des lésions constatées par l'examen anatomique, et qui ne portaient que sur la main gauche : pouce normal, suivant la règle en pareil cas ; index, annulaire, auriculaire formés par deux pièces osseuses, la supérieure étant nettement la première phalange, l'inférieure formée par la soudure de la phalangine et de la phalangette, comme l'ont prouvé des coupes verticales et transversales ; médius constitué par une seule pièce résultant de la soudure des trois phalanges.

Anomalie du gros intestin. — Développement exagéré de la dernière portion de l'S iliaque.

(Société anatomique. — 1888, p, 256).

Sur le même sujet : 1° longueur exceptionnelle du cœcum qui descend, complètement entouré de péritoine, jusque dans la cavité du petit bassin entre la vessie et le rectum ; 2° développement exagéré de la dernière portion de l'S iliaque ; 70 centimètres de la portion fixe de l'S iliaque à l'origine du rectum. Ce fait n'est que l'exagération de la disposition normale de cette portion de l'intestin aujourd'hui décrite sous le nom de côlon pelvien (thèse de Jonnesco, 1892).

Rapports et branches des artères intercostales.

(Société anatomique. — 1888, p. 351).

Série de pièces destinées à montrer les rapports de l'artère intercostale à la partie postérieure du huitième espace. Elle occupe le milieu de l'espace et ne saurait être blessée par une incision longeant le bord supérieur de la neuvième côte. Elle n'émet que des rameaux descendants très grêles.

II

ANATOMIE PATHOLOGIQUE ET RECHERCHES EXPÉRIMENTALES

Fracture ancienne du coude.

(*Société anatomique.* — 1886, p. 257.)

Le défaut de consolidation des fractures du condyle est chose fréquente et semble tenir à la difficulté de l'immobilisation du fragment entraîné par le radius dans ses moindres déplacements. J'en ai trouvé dans les auteurs cinq observations cliniques et trois observations anatomiques. La consolidation des fractures de la trochlée semble être, au contraire, la règle et se fait parfois avec un cal exubérant.

La pièce que j'ai présentée à la Société anatomique réunit les types de ces deux fractures, pseudarthrose du fragment externe, consolidation du fragment interne :

Fracture en Y de l'extrémité inférieure de l'humérus. Le fragment interne, comprenant l'épitrochlée et la trochlée, était régulièrement consolidé; le fragment externe (condyle et épicondyle) était uni au fragment moyen par une pseudarthrose complète avec fibro-cartilage d'encroûtement; l'existence de cette nouvelle articulation rendait faciles et réguliers les mouvements de l'avant-bras sur le bras.

Fractures du maxillaire supérieur à quatre fragments. — Recherches expérimentales sur le mécanisme de ces fractures.

(*Société anatomique.* — 1891, p. 567.)

J'ai observé, l'année dernière, à l'hospice d'Ivry, un exemple de cette très rare variété de fracture, caractérisée par les lésions suivantes :

1° Tout le massif maxillaire supérieur, y compris les apophyses ptérygoïdes, détaché par une fracture horizontale ; 2° les deux moitiés de ce massif séparées par une large fissure médiane verticale ; 3° chacun des fragments ainsi constitués, divisé lui-même en deux fragments secondaires par une fracture verticale et transversale.

L'intérêt de cette observation, à part son extrême rareté, est dans l'étude du mécanisme complexe qui résume tous les modes de production des fractures ordinaires des maxillaires supérieurs. Dans des expériences répétées sur plusieurs sujets, j'ai pu reproduire ce type de fracture multiple dans les conditions suivantes : choc violent et répété, dirigé obliquement de haut en bas et d'avant en arrière et appliqué sur la racine du nez, le menton étant solidement appuyé sur un billot soutenu par un aide. Au premier coup de maillet, on constate que la voûte palatine a été longitudinalement divisée et que les deux maxillaires ont été brisés par un trait qui détache sur chacun d'eux un fragment antérieur plus ou moins large. Un second coup de maillet achève de détacher les fragments postérieurs de leurs connexions supérieures. Ainsi est représentée la fracture à quatre fragments mobiles.

Le blessé que j'ai observé avait, en déchargeant une voiture, reçu sur la racine du nez le bord tranchant du fond d'un tonneau d'acide sulfurique. Le mécanisme semble donc identique à celui qui est mis en lumière par l'expérimentation. Le point d'appui au menton a été fourni par le sternum lorsque la face a été violemment projetée en bas par le choc ; ainsi les dents de la mâchoire inférieure ont pu s'enfoncer entre les dents supérieures pour faire éclater en deux moitiés le massif maxillaire, pendant que le choc antéro-postérieur produisait la fracture horizontale et les fractures transversales.

***

Sur quelques variétés de fractures du bassin.

(Société anatomique. — 1891, p. 537.)

1° Série de sept pièces de fractures anciennes, consolidées, de l'aile iliaque, montrant les diverses variétés de ces fractures ; le trait de fracture part, presque toujours, de l'échancrure qui sépare les deux épines iliaques antérieures et aboutit plus ou moins loin sur la crête iliaque ; de là plusieurs degrés : *a*, simple détachement de l'épine iliaque supérieure et de la portion voisine de la crête ; *b*, fracture comprenant toute la partie antérieure de l'aile iliaque jusqu'au tubercule moyen de la crête ; *c*, fracture horizontale aboutissant directement à l'épine iliaque postérieure et supérieure ; dans ce dernier cas, le fragment est toujours divisé en deux parties par un trait vertical ou peu oblique.

Dans tous ces cas, le fragment avait subi un mouvement de bascule en bas et en avant. Le chevauchement existait tantôt en dehors, tantôt en dedans.

A côté de ces fractures il faut ranger les cas dans lesquels la crête iliaque à sa partie moyenne est simplement écornée par une violence dont le point d'application est très limité;

2° Une pièce de fracture double consolidée d'un type exceptionnel; je n'ai pu en trouver un seul autre exemple : fracture antérieure divisant la branche ischio-pubienne parallèlement à son axe; fracture postérieure allant presque horizontalement de l'épine iliaque antérieure et inférieure à la grande échancrure sciatique. La lésion résultait d'une chute sur le siège, comme me l'ont prouvé la disposition du fragment moyen et la coexistence d'une fracture transversale de l'extrémité du sacrum.

Recherches expérimentales sur certaines fractures de la cavité cotyloïde.

(Société anatomique. — 1891, p. 561.)

A côté des trois types classiques de fractures de la cavité cotyloïde (1° fracture du sourcil cotyloïdien; 2° fracture par enfoncement et pénétration de la tête du fémur dans le bassin; 3° fracture verticale ou trait d'irradiation passant par la cavité cotyloïde), j'ai décrit une variété particulière consistant en une fissure horizontale ou plutôt oblique en bas et en avant. Cette fracture part de la grande échancrure sciatique, traverse le cotyle et reparaît, à une hauteur variable, sur la branche ischio-pubienne; c'est donc une séparation de l'ischion tout entier avec la partie inférieure de la cavité cotyloïde. Je n'ai pu en trouver aucune mention dans les auteurs et, cependant, il est très facile de la produire expérimentalement, toujours avec les mêmes caractères.

Elle résulte d'un choc obliquement appliqué de bas en haut et de dehors en dedans sur l'ischion, ou, ce qui revient au même, d'une chute sur l'ischion, légèrement incliné en dedans. Quelquefois, au trait horizontal s'ajoute un éclatement de la partie supérieure de la cavité cotyloïde, de sorte que l'os iliaque est séparé en trois fragments correspondant à ses segments primitifs. (Cette dernière disposition a été observée par Cooper, Sanson, Hamilton, Hoffa. Il est probable que dans tous ces cas, il s'agissait bien de la même variété de fracture, produite par le même mécanisme, mais on ne saurait l'affirmer en l'absence de tout renseignement précis.)

Les signes par lesquels peut se révéler la fracture transversale du cotyle sont : 1° la constatation d'une fracture de la branche ischio-pubienne; 2° la mobilité de l'ischion (sur laquelle il ne faut guère compter, car on ne la rencontre presque jamais dans les fractures expérimentales, même après un traumatisme considérable); 3° la saillie d'un trait de fracture ou la douleur à la pression appréciable par le toucher rectal; 4° la douleur réveillée par la pression sur le grand trochanter, par le refoulement de la tête sur la fissure cotyloïdienne. Dans un cas que j'ai pu observer, en 1891, à l'Hôtel-Dieu, le toucher rectal ne fournissait aucun renseignement, le malade étant en plein délire alcoolique; la fracture de la branche ischio-pubienne et la raideur ultérieure de la hanche furent les seuls signes qui me permirent d'affirmer le diagnostic.

Luxation ancienne du coude; néarthrose.

(Société anatomique. — 1887, p. 141.)

Bien que la luxation fût très ancienne, comme le démontrait l'existence de grosses travées osseuses développées à la partie inférieure de l'humérus, la grande cavité sigmoïde du cubitus, en partie comblée par du tissu fibreux, avait conservé sa forme et ses dimensions.

Ostéo-sarcome pulsatile de l'extrémité supérieure du tibia.
Amputation de cuisse. — Guérison.

(pièce présentée par M. Canniot, *Société anatomique.* — 1890, p. 437.)

Cette observation présente un point intéressant : l'envahissement du ligament croisé antérieur, l'articulation paraissant absolument intacte. Par les ligaments croisés peut se faire la propagation directe au fémur, comme cela se voit aussi pour les sarcomes du bassin se propageant par le ligament rond de l'articulation de la hanche.

Kyste hydatique sus-prostatique.

(Société anatomique, — 1886, p. 749.)

Kyste de petit volume siégeant au-dessus de la prostate dans un dédoublement de l'aponévrose prostato-péritonéale de Denonvilliers. Ce fait montre bien nettement le point de départ des kystes rétro-vésicaux. Les recherches de M. Tuffier, (congrès de chirurgie 1891), l'ont conduit aussi à admettre que c'est presque toujours en ce point que naissent ces kystes.

Kyste hydatique du foie avec prolongement diverticulaire séparé de la cavité principale par un orifice étroit et en partie oblitéré par une valvule.

(Société anatomique. — 1886, p. 751.)

Cette pièce montre une cause possible de récidive après l'incision du kyste.

———

Lipome des bourses.

(Société anatomique. — 1890, p. 430.)

Je signale, seulement à cause de son extrême rareté, une observation de lipome sous-cutané encapsulé de la partie postérieure des bourses.

———

III

PATHOLOGIE ET CLINIQUE CHIRURGICALES

Testicule. Anomalies-Maladies. — *Dictionnaire de médecine et de chirurgie pratiques* (En collaboration avec le professeur Gosselin), 1883.

Cliniques de Trélat. — 1891. — Rédaction des cliniques suivantes : Ostéosarcomes — Synovites tuberculeuses — Diagnostic et traitement des adénites tuberculeuses — Angiome du front — Adéno-sarcome du palais — Exostoses sous-unguéales du gros orteil — Lymphadénome du testicule.

Maladies du cou. (*Traité de chirurgie*, t. V, 1891). — Contusions — Plaies — Phlegmons et Abcès — Adénites — Maladies des muscles — Torticolis — Cicatrices vicieuses — Anévrysmes — Tumeurs.

Maladies du bassin. (*Traité de chirurgie*, t. VII, 1892). — Plaies. — Fractures — Luxations — Ostéites — Tumeurs des os — Arthrites, sacro-coxalgie — Psoïtis — Phlegmon iliaque — Adénites iliaques — Tumeurs de l'excavation pelvienne — Anévrysmes — Dépressions et fistules congénitales de la région sacro-coccygienne — Tumeurs congénitales de la région sacro-coccygienne.

Sur un cas de myxœdème amélioré par la greffe thyroïdienne.

(*Société médicale des hôpitaux*. — 14 novembre 1890).

(En collaboration avec M. Merklen).

Bircher et Kocher ont essayé contre le myxœdème opératoire, la transplantation de fragments sains de corps thyroïde, provenant d'un goître extirpé. (Samml. Klin. Vortz, 5 mars 1890). M. le professeur Lannelongue et M. Legroux, dans un cas d'idiotie avec cachexie pachydermique, ont greffé sous la peau du thorax un lobe de corps thyroïde de mouton (*Société de biologie*. — 8 mars 1890).

La greffe thyroïdienne du mouton à l'homme a été faite dans le myxœdème des adultes, par MM. Bettencourt et Serrano (Congrès de Limoges, août 1890). C'est également dans un cas de cette affection que j'ai pratiqué, le 3 septembre 1890, la greffe du corps thyroïde d'un mouton chez une femme de 41 ans, dans le service de M. Merklen, à l'hôpital Saint-Antoine. J'ai suivi exactement la technique indiquée par mon maître, M. Lannelongue.

Les métrorrhagies, continuelles depuis plusieurs mois, cessèrent trois jours après l'opération. Lorsque la malade fut présentée par M. Merklen à la Société médicale des hôpitaux, soixante-douze jours plus tard, ces métrorrhagies n'avaient point reparu. La bouffissure de la face avait un peu diminué, les masses pseudo-lipomateuses sus-claviculaires s'étaient sensiblement affaissées. Les troubles fonctionnels surtout, avaient diminué : la parole qui était traînante et embarrassée, était devenue nette et la malade marchait facilement et assez vite, alors que quelques semaines auparavant, il lui fallait un quart d'heure pour faire le tour de la salle.

Mais la malade avait à plusieurs reprises été dans une situation aussi satisfaisante, quand les métrorrhagies se suspendaient. Le traitement a donc eu ce seul résultat certain de faire cesser les pertes, et cela est d'autant plus intéressant que le même bénéfice a été obtenu dans le cas de MM. Bettencourt et Serrano.

Horsley, Albertoni et Tizzoni ont montré, avec des interprétations différentes, le rôle important du corps thyroïde dans l'hématopoïèse. Chez notre malade, l'examen du sang pratiqué par M. Luzet a donné les résultats suivants : Le nombre des globules rouges s'est élevé de 2,235,100 à 3,103,100 ; la richesse globulaire de 1,175,000 à 1,725,000 ; la valeur globulaire de 0,50 à 0,55. Avant l'opération le sang était fibrineux, fait signalé par M. Hayem dans les maladies hémorrhagipares ; cette particularité est d'autant plus caractéristique qu'il n'y avait pas d'augmentation des globules blancs.

Enfin la quantité d'urée s'est élevée de 2 à 5 grammes.

En résumé, l'opération a eu pour résultats : la cessation des hémorrhagies, la diminution de l'anémie, l'amélioration de l'état général.

Mais peu de temps après, la malade a perdu en grande partie le bénéfice de l'opération. A mesure que se résorbait la greffe thyroïdienne, qui a fini par disparaître, les métrorrhagies reparaissaient, très modérées d'ailleurs et moins débilitantes que par le passé. Les injections sous-cutanées de liquide thyroïdien, essayées par M. Merklen, n'ont point donné de résultats. La malade, restée dans le service de M. Merklen, est dans un état à peu près stationnaire, avec moins de métrorrhagies et un peu moins d'infiltration myxœdémateuse.

Sur une forme lente et insidieuse d'infection par le staphylococcus pyogènes aureus. — Ostéomyélite et abcès multiples du tissu cellulaire évoluant sans provoquer aucune réaction.

(Société anatomique. — 11 mars 1892.)

Observation d'une jeune fille de quinze ans et demi atteinte d'ostéomyélité de l'extrémité inférieure de l'humérus droit; l'affection avait évolué si lentement que depuis un an la malade était soignée pour une contracture hystérique du brachial antérieur. Le pus évacué par la trépanation contenait du staphylococcus pyogènes aureus d'après l'examen fait par M. Netter. Deux abcès du tissu, cellulaire ouverts six mois plus tard, au-devant du thorax et au bras gauche, abcès à marche lente (début 1 an) et comme l'ostéomyélite, sans aucune réaction inflammatoire, contenaient du staphylococcus citreus.

Cette observation est citée en partie dans la thèse de M. Even (1892) ainsi qu'une autre relative à une ostéomyélite du tibia à marche aussi lente, pour laquelle j'ai fait également la trépanation, et dont le pus renfermait du staphylococcus albus et de l'aureus.

Des inflammations canaliculaires chroniques des glandes salivaires avec infiltration de gaz dans les conduits excréteurs et les lobules glandulaires.

(Société anatomique. — 11 mars 1892.)

Les canaliculites chroniques des glandes salivaires succèdent à une infection buccale. Il en résulte une dilatation du canal excréteur et de son orifice. L'affection est caractérisée par l'écoulement de pus par l'orifice lorsqu'on presse sur le canal; elle se complique de fréquentes poussées inflammatoires plus ou moins aiguës dans la glande elle-même.

On constate parfois l'infiltration de gaz, la pénétration de l'air dans le canal, accident facile à reconnaître par la crépitation gazeuse que détermine la pression. A une période plus avancée, l'air pénètre jusque dans les premiers lobules de la glande; enfin il peut infiltrer la glande entière, que le malade insuffle à volonté.

L'étiologie, dans tous ces cas, est bien différente des causes mécaniques qui produisent un résultat analogue chez les ouvriers verriers, fait déjà signalé par mon maître, M. le professeur Tillaux, et étudié récemment par M. Regnault.

L'infiltration gazeuse dans les canaliculites chroniques semble n'être pas très rare;

j'ai pu en observer 4 cas depuis 3 ans : 1 fois dans le canal de Wharton (avec calcul), 1 fois dans le canal de Sténon, 1 fois dans le canal de Sténon et la partie moyenne de la parotide, 1 fois dans la parotide tout entière d'un côté et dans une portion de la parotide opposée, cas absolument analogue à celui qui fut présenté en 1856 à la Société de chirurgie par Demarquay.

Ulcères perforants de l'estomac (trois observations).

(*Société anatomique.* — 1890, p. 441, p. 466.)

L'intérêt de ces observations consiste en ce fait que deux fois des péritonites suraiguës, consécutives à la perforation d'un ulcère latent de l'estomac, avaient débuté par une violente douleur dans la fosse iliaque droite ou dans le bas-ventre, simulant une perforation de l'appendice.

De plus, les lésions de la péritonite purulente n'existaient dans un cas que dans la partie inférieure de l'abdomen et des adhérences récentes protégeaient déjà toute la région supérieure et masquaient la perforation de l'estomac. Cette localisation des lésions semble devoir être attribuée à ce que le contenu de l'estomac, brusquement évacué au moment de la perforation, tombe dans la partie inférieure de l'abdomen et y provoque la péritonite purulente suraiguë, tandis qu'il ne laisse plus haut, comme trace de son passage, qu'une inflammation moins intense et qui amène rapidement la formation d'adhérences.

De la pleurotomie postérieure. Recherches anatomiques sur le lieu d'élection de l'incision dans l'opération de l'empyème.

(*Société anatomique.* — 1888, p. 259.)

Ces recherches ont porté, sur trente sujets des deux sexes, tous adultes ou vieillards ; les conclusions ne sauraient donc en aucune façon en être appliquées aux enfants. J'ai cherché à déterminer le point déclive de la cavité pleurale, dans le décubitus dorsal, le sujet placé autant que possible dans la position du malade couché dans son lit, seule position acceptable en pratique pour obtenir une *évacuation permanente* des liquides contenus dans la plèvre ; les autres positions ne pouvant être supportées longtemps n'assureraient qu'une évacuation intermittente.

Le sujet étant ainsi placé, l'examen de la cavité pleurale, après ablation du poumon, met en évidence l'*insuffisance de toute incision qui n'atteint pas le fond de la gouttière costo-vertébrale.*

Par contre, toute incision atteignant cette gouttière postérieure permet une évacuation facile, en relevant ou en abaissant la partie supérieure du thorax suivant la hauteur de l'espace incisé.

Dans la position indiquée plus haut, le point le plus déclive répond en général au septième, au huitième, ou au neuvième espace ; peu importe du reste, car la gouttière ici très concave dans le sens transversal, l'est très peu dans le sens longitudinal et l'incision dans un de ces trois espaces assure l'évacuation complète, grâce aux constantes variations de position du malade dans le sens vertical.

Le huitième espace semble être le plus convenable pour l'incision ; la pointe de l'omoplate, dans le mouvement d'abaissement de l'épaule, descend en effet chez certains sujets jusque sur le septième espace et même sur la huitième côte ; l'incision dans le neuvième espace exposerait peut-être plus à la blessure du foie.

La gouttière postérieure du thorax, répond à l'angle des côtes. Au niveau du huitième espace, l'incision, pour atteindre le point le plus déclive de la gouttière, doit arriver jusqu'à 6 ou 7 centimètres de la ligne médiane.

Manuel opératoire. — Incision de 8 centimètres environ, sur le bord supérieur de la neuvième côte, et commençant ou se terminant, suivant le côté, à trois travers de doigt de la ligne des apophyses épineuses — section du grand dorsal, très mince en ce point, et des faisceaux tendineux les plus externes des muscles de la gouttière vertébrale. — L'incision de l'espace intercostal et de la plèvre doit raser très exactement le bord supérieur de la côte, comme dans la pleurotomie latérale. Ici le bord supérieur n'est pas rectiligne, on doit chercher avec grand soin l'angle de la côte et découvrir le bord supérieur coudé en ce point. L'incision rectiligne, suivant la direction de la portion oblique de la côte, diviserait en arrière la partie moyenne de l'espace intercostal et présenterait de grands dangers.

Si l'ouverture de l'espace ne paraît pas assez large et béante, il est facile d'échancrer le bord supérieur de la côte pour assurer un orifice suffisant au drainage.

La pleurotomie postérieure ne présente pas plus de dangers que la pleurotomie latérale. Elle n'offre aucune difficulté sérieuse d'exécution. Elle assure l'écoulement complet et permanent du pus.

Depuis quatre ans, cette incision postérieure a été pratiquée pour des pleurésies purulentes un certain nombre de fois ; je l'ai faite six fois, pour ma part, et j'ai pu vérifier qu'elle donnait tous les résultats que permettait de prévoir l'expérimentation, à savoir l'évacuation permanente et complète de la plèvre et la facilité des pansements.

IV

INTERVENTIONS CHIRURGICALES DIVERSES

Ostéomyélite du maxillaire inférieur.

(Société anatomique. — 1889, p. 601.)

Séquestre formé par toute la branche montante gauche du maxillaire inférieur, y compris le condyle et l'apophyse coronoïde. Incision en ⊐ sur l'angle de la mâchoire et dégagement de l'extrémité inférieure du séquestre. Sur l'arcade zygomatique, incision horizontale qui permet de refouler de haut en bas le séquestre fortement attiré en bas par un davier et qui n'a pu être extrait que grâce à une fracture oblique de son extrémité supérieure.

Kyste séreux multiloculaire du cou.

(Pièce présentée par M. Hélary. Société anatomique. — 1890, p. 459.)

Énorme kyste congénital du cou, opéré d'urgence à Saint-Antoine, pour accidents de suffocation, provoqués par l'inflammation de la tumeur, à la suite d'une ponction pratiquée en ville. Guérison.

Plaie pénétrante de la poitrine et de l'abdomen.

(Société de chirurgie. — 16 mars 1892.)

Plaie verticale du côté gauche du thorax ; section du septième et du huitième espaces et de la huitième côte. Issue immédiate de l'épiploon. Pas de pneumothorax. Ligature et résection de l'épiploon. Exploration de l'estomac par la plaie. Suture du diaphragme à la paroi thoracique. Suture totale de la plaie en deux plans. Guérison.

Kyste hydatique du foie opéré par l'incision transpleurale. — Guérison.

(Société de chirurgie. — 14 octobre 1891.)

Volumineux kyste hydatique de la face convexe du foie proéminant à la région antérieure et remontant jusqu'au-dessus du mamelon. Incision transpleurale. Suture du diaphragme à la paroi. Incision du kyste, évacuation et suture de la poche à la paroi. Drainage. Guérison complète, sans fistule, en trois mois.

La malade eut, quelques jours après l'opération, un peu d'épanchement pleural. La ponction retira du liquide séro-sanguinolent, absolument aseptique, comme l'ont montré les examens bactériologiques pratiqués par M. Netter.

Epiplocéle sphacelée.

(Société clinique. — 1882, p. 155.)

Epiplocèle crurale ancienne, chez une vieille femme. Poussée inflammatoire. Phénomènes d'étranglement. Sphacèle de l'épiploon. Incision, élimination de l'épiploon mortifié. Guérison.

Spina bifida sacré.

(Société de chirurgie. — 14 octobre 1891.)

Garçon. Volumineux spina bifida sacré, à paroi mince, transparente, menaçant de se rompre. Opération le 29 septembre 1891, quatre heures après la naissance, Résection totale du sac, ligature de pédicule au ras de l'orifice de communication avec le canal rachidien. Réunion sans drainage. Réunion par première intention. Guérison rapide e complète.

L'enfant revu tout récemment s'est bien développé ; il ne présente aucun trouble de la motilité ni de la sensibilité ; fontanelles normales ; cicatrice solide sans trace de récidive au niveau du pédicule.

Suture de la rotule. — Suture ultérieure du tendon rotulien.

(Société de chirurgie. — 13 mai 1891.)

Fracture itérative de la rotule ; suture de la rotule. Un an plus tard, sous l'influence d'un violent traumatisme, arrachement du tendon rotulien, suture de ce tendon à la rotule. Rétablissement complet des fonctions du membre.

Dans la seconde opération, j'ai pu vérifier directement l'existence d'un cal manifestement osseux entre les fragments suturés.

Lymphadénome du testicule.

(Société anatomique. — 1889, p. 602.)

Je signale cette observation pour ce seul fait que le malade, que j'ai opéré il y a trois ans, est toujours bien portant et ne présente aucune trace de récidive ou de généralisation.

Kyste du vagin.

(Société anatomique. — 1890, p. 439.)

Kyste volumineux de la paroi antérieure du vagin, faisant saillie hors de la vulve et se prolongeant dans le ligament large droit (kyste des conduits de Gaertner). — Extirpation totale. — Guérison.

Observations de corps fibreux avec inversion de l'utérus. Enucléation et morcellement de la tumeur. Réduction spontanée de l'inversion

(Observations rapportées dans la thèse de M. Delteil. — Paris, 1890.)

La méthode de choix pour les gros fibromes emplissant le vagin est l'énucléation avec morcellement, car il est souvent impossible de savoir s'il n'y a pas inversion utérine.

Dans deux cas où j'ai pratiqué l'énucléation de très volumineux fibromes avec inversion, l'inversion s'est réduite au bout d'une quinzaine de jours par le simple tamponnement du vagin méthodiquement appliqué.

22390   Paris. — Typographie et Lithographie A. MAULDE et Cie, rue de Rivoli.